¿Cómo tirar la basura?

¿Las latas de comida so reciclables?

los pequeños curiosos

DIME CÓMO PROTEGER LA NATURALEZA

Sophie de Mullenheim

¿Cómo es posible la vida en la Tierra?

¿Cuál es el recuso más usado en el mundo?

LAROUSSE

Ilustraciones
Nuestro planeta: **Mauro Mazzari**
La fauna: **Patrick Chenot**
La flora: **Marie Ligier de Laprade**
Proteger la naturaleza: **Laurent Kling**

Edición original
Dirección de la publicación: Sophie Chanourdie
Edición: Magali Marquet
Responsable artístico: Laurent Carré
Formación: Jean-Marc Richard

Edición en español
Dirección editorial: Tomás García Cerezo
Gerencia editorial: Jorge Ramírez Chávez
Coordinación editorial: Graciela Iniestra Ramírez
Traducción: Renata Riebeling de Avila
Formación: E.L., S.A. de C.V. con la colaboración
de Erika Alejandra Dávalos Camarena
Corrección: E.L., S.A. de C.V. con la
colaboración de Adriana Santoveña Rodríguez
Adaptación de portada: E.L., S.A. de C.V.
con la colaboración de Rubén Vite Maya

© MMXIX Larousse
21 rue Montparnasse, 75006 París

DR © MMXIX
Ediciones Larousse, S.A. de C.V.
Renacimiento 180, Col. San Juan Tlihuaca,
Azcapotzalco, México, 02400, Ciudad de México

Título original: *Comment protéger la nature ?*

ISBN: 978-2-03-596147-1 (Francia)
ISBN: 978-607-21-2299-4 (México)

Primera edición, octubre de 2019

*Esta obra no puede ser reproducida, total o parcialmente,
sin autorización escrita del editor.*

Larousse y el logotipo de Larousse son marcas registradas de Larousse, S.A.

Impreso en China – *Printed in China*

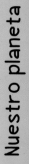

¿Qué edad tiene nuestro planeta?

Los científicos discutieron durante mucho tiempo para saber qué edad tenía la Tierra. En 1956, por fin se pusieron de acuerdo ¡y colocaron 4.55 mil millones de velas en su pastel de cumpleaños!

¿Cómo es posible la vida en la Tierra?

La Tierra está rodeada por la atmósfera, una capa gruesa de gas que permite que haya vida. La atmósfera contiene oxígeno, que es indispensable para la respiración de los seres vivos. Además, nos protege de las quemaduras del Sol.

3

¿Cómo eran los primeros seres vivos de la Tierra?

Nuestros "ancestros" eran células tan simples que no tenían núcleo. Eran bacterias diminutas que vivían en el agua. ¿Sabías que las bacterias todavía existen hoy en día y que se encuentran en todas partes?

¿Y cómo eran las primeras plantas?

Posiblemente, las primeras plantas eran algas de color verdiazul. Se cree que con el tiempo se volvieron más y más complejas y que después crecieron sobre la tierra firme.

¿Cuál es el porcentaje de oxígeno en la atmósfera?

Sin oxígeno, no podemos respirar ni, por lo tanto, vivir en la superficie de la Tierra. Sin embargo, la atmósfera sólo contiene un 21% de este gas. Su principal componente es el nitrógeno (78%), ¡que no nos sirve de nada!

¿Cuándo se apagará el Sol?

Aún no ha nacido la persona que vaya a ver cómo se apaga el Sol. Hoy en día, se calcula que esta enorme estrella que calienta la Tierra está a la mitad de su vida. ¡Aún le quedan alrededor de 5.5 mil millones de años para brillar!

5

¿Para qué sirve la capa de ozono?

Una gran capa de la atmósfera está constituida por ozono. Este gas filtra los rayos ultravioleta del Sol; afortunadamente, impide que pase la mayoría de ellos, pues son peligrosos para los humanos, los animales y las plantas.

¿Qué es el efecto invernadero?

La atmósfera evita que el calor de la Tierra salga al espacio: de esta manera, la Tierra mantiene una buena temperatura. Pero si el ser humano produce demasiados gases de efecto invernadero, la Tierra se calienta demasiado. ¡Ay!

¿Qué es el calentamiento global?

Desde hace cien años, los científicos han advertido que la temperatura de los océanos y de la tierra está aumentando.
Eso se debe, en parte, al recrudecimiento del efecto invernadero provocado por nuestra actividad industrial, que cada día es mayor.

¿Qué provoca que se derrita el hielo marino?

El aumento de la temperatura de los océanos hace que el hielo marino se derrita más rápido que con el fenómeno natural de deshielo (debido a las estaciones). Esto pone en peligro al oso polar porque su hábitat se reduce.

7

¿Cómo se formó el petróleo?

Hace millones de años, algunas plantas y animales muertos fueron cubiertos por capas y capas de tierra. Como la temperatura del suelo profundo es elevada, estos elementos se "cocieron" ¡y se transformaron en petróleo!

¿Cuáles son las reservas de petróleo en el mundo?

El petróleo se utiliza para muchas cosas; por ejemplo, para hacer que funcionen los coches. Es muy difícil conocer las reservas de esta sustancia. Algunos dicen que se terminará en 30 o 50 años. Una cosa es segura: hay que procurar no desperdiciarlo y encontrar otras fuentes de energía.

¿Cómo surge el viento?

El aire que se calienta se vuelve ligero y sube a la atmósfera. Inmediatamente, el aire frío, que es más pesado, aprovecha para bajar. El desplazamiento de estas masas de aire crea corrientes de aire... y, por lo tanto, ¡viento!

¿Cuál es el lugar más ventoso de la Tierra?

Existen varios lugares donde el viento sopla con una violencia extrema y con mucha frecuencia. Es el caso de la cima del Everest o del Polo Sur por ejemplo. El 10 de abril de 1996, el viento sopló a 408 km/h en la isla australiana de Barrow. ¡Todo un récord!

9

¿Todos los desiertos están cubiertos de arena?

¡Por supuesto que no! Sólo el 20% de los desiertos de nuestro planeta está hecho de arena. Un desierto es un lugar donde la vida es muy difícil, porque casi nunca llueve. Existen desiertos de piedra, de hielo e incluso de sal...

¿Qué es la desertificación?

En algunos de los lugares más secos del mundo, el clima y la actividad humana van transformando algunas zonas en desiertos nuevos. Las plantas ya no crecen y la vida se vuelve difícil, incluso imposible.

10

¿Por qué se le llama a la Tierra "el planeta azul"?

Una muy buena parte de la Tierra está cubierta por agua. Los océanos y los mares ocupan el 71% de su superficie, ¡casi tres cuartas partes! Debido a toda esa agua, la Tierra se ve azul desde el cielo.

¿Ya terminamos de explorar los océanos?

¡Para nada! Los océanos son tan grandes y profundos que sólo conocemos una pequeña parte de ellos. Su exploración es tan difícil, ¡que conocemos mejor la superficie de la Luna que el fondo de los mares!

¿Cuánta agua dulce hay en la superficie de la Tierra?

De toda el agua de la Tierra, sólo el 3% es dulce... ¡y la mayor parte está congelada! El agua que podemos utilizar y beber representa menos del 1% del agua total del planeta. ¡No la desperdicies!

¿El agua puede renovarse?

¡Nuestra agua es la misma desde que se formó la Tierra! No se renueva, sino que circula entre los océanos, los ríos, los mantos freáticos, el banco de hielo, etc. Procura no contaminarla, ¡porque nos quedaremos sin agua!

¿Para qué sirve una planta de tratamiento?

El agua que utilizamos se limpia en una planta de tratamiento. Pasa por filtros cada vez más finos que retienen las impurezas. Después el agua se queda en estanques. Las últimas impurezas caen al fondo y el agua es devuelta a la naturaleza.

¿Podemos beber el agua del mar?

Para beber agua de mar sin que sea peligroso, se debe desalar. Algunos países con pocas reservas de agua dulce llevan a cabo la desalinización, pero el proceso es muy costoso y requiere mucha energía.

13

¿Cómo se forma la lluvia?

El sol calienta el agua, que se vuelve ligera y se evapora para formar una nube. Cuando hay muchas gotas de agua, éstas se pegan entre sí y, después, cuando alcanzan cierto tamaño, ¡caen en forma de lluvia!

¿De dónde viene el agua de los manantiales?

El agua de lluvia penetra en la tierra y baja hasta que una piedra impermeable no la deja pasar. Entonces forma un cuerpo de agua subterráneo: un manto freático. Cuando el agua del manto se escapa hacia afuera, ¡se crea un manantial!

¿Qué es el uranio?

El uranio es un metal que, en su estado natural, es radioactivo, es decir, es capaz de producir energía. Se encuentra en casi toda la naturaleza; incluso tenemos uranio en nuestro cuerpo, pero en cantidades muy pequeñas.

¿Para qué sirve el uranio?

Hay uranio en las minas de todo el mundo. Después de varias transformaciones, se vuelve tan radioactivo que ayuda a que hierva el agua en las centrales nucleares para producir electricidad.

15

¿Cuáles son las reservas de uranio en el mundo?

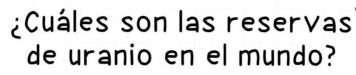

En la actualidad, se calcula que las reservas de uranio pueden aguantar cientos de años. Después, se tendrán que abrir sitios nuevos para extraerlo, lo que nos permitirá tener reservas durante al menos cien años más.

¿Cuáles son los peligros del uranio?

En su estado bruto, el uranio es poco radioactivo y, por lo tanto, no representa ningún peligro para la salud. Pero una vez que comienza a ser transformado, su radioactividad aumenta y su peligrosidad también. Puede causar enfermedades graves y deformidades.

¿De dónde viene el carbón?

Hace millones de años, la Tierra estaba cubierta por bosques que fueron sepultados bajo el agua y capas de tierra. Los árboles, atrapados bajo la tierra, se descompusieron y se convirtieron en carbón.

¿Todavía hay minas de carbón en el mundo?

¡Por supuesto! Algunos países detuvieron la producción de carbón en las minas porque era demasiado caro, pero muchos otros continúan extrayéndolo del subsuelo. Es el caso, por ejemplo, de China y Estados Unidos.

¿Cómo puede el mar producir electricidad?

Las olas o las mareas crean movimientos continuos que son perfectos para hacer que los motores funcionen y, por lo tanto, produzcan electricidad. Una planta eléctrica que funciona con las mareas se llama planta mareomotriz.

¿Y si se utilizaran las corrientes?

Hay compañías que estudian cómo producir energía con las corrientes marinas. Para eso, se deben instalar bajo el agua turbinas enormes que giran gracias a las corrientes y crean electricidad. Se llaman turbinas hidráulicas.

¿Sería posible vivir en Marte?

Aunque hayamos descubierto que en Marte hay carbón y oxígeno, compuestos necesarios para la vida, y a pesar de que sí se podría vivir allí, habría que encontrar una manera de llegar, ¡porque el viaje hasta allá dura 7 meses!

¿Cuál es el séptimo continente?

Cada año, se tiran a los océanos 30 millones de toneladas de desechos plásticos. Éstos viajan con las corrientes y después se acumulan, formando unas enormes islas de plástico en la superficie de los océanos. A eso se le llama el séptimo continente.

¿Qué son exactamente las partículas finas?

Las partículas finas son un polvo tan fino que permanece suspendido en el aire en lugar de caer al suelo. Son producto de nuestras actividades diarias: de los gases de escape de los coches, el humo de cigarro, de las chimeneas, de las fábricas...

¿Por qué son peligrosas para la salud?

Cuando no llueve o no hay viento, las partículas finas no se dispersan; permancen suspendidas en el aire y acaban en los pulmones de quienes las respiran.

¿Cuál es el recurso más utilizado en el mundo?

El agua es por mucho el recurso natural más utilizado en el mundo. Sirve para tantas cosas que el ser humano no podría prescindir de ella, porque además ¡es un recurso vital! Después le sigue la arena, muy por delante del petróleo y del carbón.

¿Para qué sirve la arena?

Es uno de los primeros materiales utilizados para la construcción. Se necesita arena para hacer concreto, carreteras... Su grano puede ser más o menos grueso según el uso que se le dé.

¿De dónde viene la arena de construcción?

Cada año se extraen 15 mil millones de toneladas de arena. La mayor parte proviene de canteras, pero como éstas se agotan, es cada vez más común raspar el fondo de los mares para obtenerla. El problema es que estos recursos no son inagotables.

¿Se puede producir arena artificial?

En algunos países, los escombros de las construcciones (bloques viejos de concreto, yeso, restos de piedra...) se trituran y se comprimen para obtener arena que se usará de nuevo para la construcción. ¡Reciclemos!

¿Qué es la biomasa?

Algunos residuos de origen animal o vegetal pueden utilizarse para producir energía.
A eso se le llama biomasa.
Ésta se elabora, por ejemplo, con restos de madera, de frutas y vegetales de la industria alimentaria, ¡e incluso estiércol!

¿Cómo se puede producir energía con la biomasa?

Si la biomasa se quema, produce calor. Y si se deja fermentar (pudrir, de alguna manera), se produce un gas que sirve para generar electricidad, por ejemplo.

¿Por qué a veces brilla el mar en la noche?

En el mar viven millones de organismos vivos diminutos, plantas y animales. Entre ellos, algunas especies de fitoplancton (plantas) producen una luz azul ¡que brilla en la oscuridad!

¿Qué es el verano indio?

Antes de la llegada del invierno, después de un periodo frío en otoño, el clima se calienta de golpe. Se trata del verano indio. En Canadá, corresponde a un periodo en el que las hojas de los árboles, antes de caer, se vuelven rojas, amarillas o naranjas.

¿Existen territorios inexplorados en la Tierra?

Algunos bosques son de tan difícil acceso que el ser humano aún no ha podido explorarlos. Esos lugares encierran sin duda verdaderos tesoros, porque seguro albergan cientos de especies desconocidas de animales.

¿Y bajo el agua?

Los océanos son todo un misterio para el hombre. Se cree que sólo se conoce una cuarta parte de ellos y que el resto aún queda por explorar.

25

¿Qué es un gas raro?

Un gas raro no se mezcla con ningún otro elemento ni cambia nunca de aspecto, a diferencia de otros gases, que pueden formar un nuevo elemento cuando se juntan. Los gases raros también se conocen como gases nobles.

¿Qué tan raro es un gas raro?

En realidad, los gases raros son bastante raros en la Tierra. Pero en el Universo algunos de ellos abundan. Es el caso del helio, que escasea aquí, ¡pero es el segundo más común en el Universo!

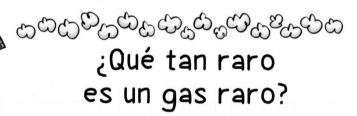

¿Qué provoca el cambio climático?

Se estima que el cambio climático es responsable de una cantidad enorme de catástrofes naturales. El agua de mar que se calienta provoca huracanes, tormentas, inundaciones o, al contrario, grandes sequías.

¿Está subiendo el nivel del mar?

Los científicos dicen que el nivel del mar ha subido 8 cm en 25 años. El clima, cada vez más caliente, derrite los glaciares más rápido y lleva más agua a los océanos. Cada vez más lugares se ven amenazados por el agua que sube.

27

¿Qué es el protocolo de Kyoto?

Es un acuerdo internacional que firmaron en 2013 varios países que se comprometieron a reducir sus emisiones de gases de efecto invernadero, responsables del calentamiento global.

¿Cuáles son los límites del protocolo de Kyoto?

Sólo 37 países desarrollados firmaron los acuerdos de Kyoto. Los países pobres no tienen restricciones para lidiar con sus emisiones de gases. Además, Estados Unidos no firmó el acuerdo, y Rusia y Japón se retiraron de él. Faltan muchos países para que esto funcione...

¿El mar Muerto está "muerto" por culpa del ser humano?

El mar Muerto se llama así porque su agua es tan salada que ningún pez puede vivir allí. El ser humano no tiene nada que ver con este fenómeno. Pero si no se hace nada para que el mar Muerto deje de secarse, éste corre el riesgo de morir por completo.

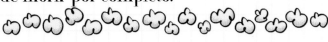

¿Va a desaparecer el mar de Aral?

Desde 1960, el mar de Aral, en Asia Central, se ha reducido en más de tres cuartas partes porque el ser humano ha utilizado para sus cultivos los ríos que lo abastecían. Hoy en día se realizan trabajos para intentar salvarlo.

BIENVENIDO AL ~~MAR~~ DE ARAL

¿Qué es la lluvia ácida?

En ocasiones, la lluvia es más ácida de lo normal. Este fenómeno suele deberse a la acumulación en la atmósfera de gases (de fábrica o de coches) que se diluyen en las gotas de lluvia y caen a la tierra.

¿Cuáles son las consecuencias de la lluvia ácida?

El agua ácida ataca algunos materiales como la piedra caliza. También puede destruir plantas o modificar la acidez de los lagos y, por lo tanto, poner en riesgo a todos los animales y plantas que viven allí.

La fauna

¿Por qué ya no hay dinosaurios en la Tierra?

Existen varias teorías sobre las causas de la desaparición de los dinosaurios hace 65 millones de años. Una de ellas dice que un asteroide cayó sobre la Tierra y levantó tanto polvo que las plantas ya no pudieron crecer y los dinosaurios ya no pudieron alimentarse.

¿Desaparecieron todos los dinosaurios?

¡Sólo queda una especie! El esfenodonte ya vivía en la Tierra hace 220 millones de años. Esta especie de lagartija gigante vive en Nueva Zelanda, donde es considerada como mensajero divino.

¿Cuántas especies de animales hay en la Tierra?

¡Es difícil decirlo con exactitud! Los investigadores piensan que hay ¡entre 3 y 100 millones! Pero, de esa cantidad, el ser humano sólo conoce 1.23 millones de especies.

¿Cuáles son los animales más abundantes?

Los mamíferos parecerían ser los más abundantes en la Tierra, porque son los que más vemos. El ser humano, en particular. Pero hay infinitamente más insectos. ¡Tres de cada cuatro animales son insectos!

¿Cuántas especies desaparecen cada año?

Los científicos piensan que más de 20 000 especies de plantas y animales desaparecen cada año.
Son tantas que es probable que algunas especies desaparezcan incluso antes de que el ser humano las descubra.

¿Existe un organismo que proteja a los animales?

La UICN, Unión Internacional para la Conservación de la Naturaleza, cuida nuestro planeta. Esta organización establece, por ejemplo, la lista de las especies que están en mayor peligro para intentar salvarlas antes de que sea demasiado tarde.

¿En la actualidad, cuál es la especie más amenazada?

Una de ellas es el rinoceronte de Java, que está a punto de desaparecer. Hace mucho tiempo era cazado por su cuerno, que algunos utilizaban como medicamento. Hoy en día, sólo quedan 50, que viven en un parque protegido.

¿Cómo está el panda gigante?

Buenas noticias: ¡el número de pandas gigantes en el mundo por fin está aumentando! Estas cifras son fruto del trabajo de la UICN y de China, que ha procurado preservar sus bosques de bambú para los pandas.

¿Quién quiere matar al gran tiburón blanco?

El gran tiburón blanco reina en los océanos, ya que ningún animal se atreve a atacarlo, ¡salvo el ser humano! Este último lo caza cada vez más para utilizar su piel, su aleta y su cartílago para hacer medicamentos.

¿Va a desaparecer el tigre?

Entre las nueve especies de tigres conocidas, tres han dejado de existir. Las demás están en peligro o gravemente amenazadas. Por fortuna, algunas organizaciones velan sobre este rey de la jungla y el número de tigres va aumentando poco a poco.

¿Qué es la cadena alimenticia?

La oruga, que se come una hoja, es engullida por un ave, que es masticada por un zorro, que a su vez es devorado por un oso. Los animales se comen los unos a los otros, del más pequeño al más grande. Eso forma una larga cadena... alimenticia.

¿Se puede romper la cadena alimenticia?

Si un eslabón de la cadena alimenticia desaparece, las especies que dependen de él corren peligro. Así, el panda gigante estaba amenazado debido a la disminución de los bosques de bambú, su única fuente de alimentación.

¿Qué es un dodo?

El dodo era un ave que parecía un gran pavo y que vivía en la isla Mauricio. Como se desplazaba con dificultad y no volaba, era presa fácil del ser humano. ¡Demasiado fácil! El dodo despareció de la isla en el siglo XVIII.

¿Por qué podría extinguirse el kakapo?

Este perico inusual, que no vuela, se reproduce con tan poca frecuencia que corre el riesgo de desaparecer. Cabe mencionar que la hembra sólo puede poner huevos cuando ha comido suficientes nueces.

¡Su almuerzo puede durar hasta 5 años!

¿Por qué el ciervo almizclero está en peligro?

Durante el periodo de apareamiento, el macho produce una sustancia aromática para atraer a la hembra. Desgraciadamente, esta sustancia –llamada almizcle– se utiliza mucho para hacer perfumes y el ciervo almizclero se caza con demasiada frecuencia.

¿Cuál es el pez más viejo del mundo?

¡El celacanto conoció a los dinosaurios! ¡Se cree que ya existía hace más de 350 millones de años! Aunque ha cambiado muy poco desde entonces, ha sabido adaptarse a todos los cambios climáticos del planeta.

¿A dónde se fueron las abejas?

Los pesticidas utilizados para los cultivos matan millones de abejas. Esta desaparición es una catástrofe, ya que las abejas, al ir de flor en flor, favorecen su polinización y, por lo tanto, su reproducción. ¡Sin abejas, ya no habrá flores! ¡Y sin flores, ya no habrá frutas!

¿Por qué hay menos mariposas?

Como las abejas, muchas mariposas mueren por los pesticidas. Además, las construcciones, cada vez más abundantes, reducen los espacios verdes donde las mariposas acostumbran vivir.

¿Por qué algunas aves migratorias ya no migran?

Un ave migratoria deja un país cuando llega el frío: sale en busca de calor y más comida en los países cálidos. Pero, como el clima se está calentado, las aves migran durante menos tiempo, ¡o dejan de hacerlo!

¿La golondrina está el peligro?

La golondrina es un ave migratoria que parte cada vez más tarde hacia el sur y que regresa cada vez más pronto a causa del clima. Desgraciadamente, la cantidad de insectos es menor en nuestros países y por ello las golondrinas tienen cada vez menos alimento.

¿Hay especies demasiado numerosas en la Tierra?

El exceso nunca es bueno. Cuando una especie animal es demasiado numerosa en un territorio, ésta caza poco a poco a las demás especies y amenaza el equilibrio de la zona.

¿Por qué hay tantos conejos en Australia?

Los conejos se introdujeron en Australia en 1859. Desde entonces, se han reproducido tanto que son una catástrofe para el país: se comen la comida de los canguros y mordisquean los cultivos.

¿Qué es un cazador furtivo?

Un cazador furtivo caza o pesca animales sin autorización. No le importa la naturaleza ni la cantidad de animales que caza. No respeta ninguna regla. Sólo quiere divertirse o ganar dinero.

¿Y un cazador?

El cazador también caza animales, pero tiene un permiso y debe seguir reglas muy estrictas. Si una especie está amenazada, tiene prohibido matarla. En cambio, si una especie abunda y daña a los demás animales, puede cazarla para volver a equilibrar la situación.

¿Por qué están amenazados los elefantes?

En África, en un siglo, ¡se pasó de unos 4 millones de elefantes a 415 000! Los seres humanos los mataban para robar sus colmillos de marfil. Hoy en día la situación ha mejorado un poco porque la venta de marfil está prohibida. Pero los cazadores furtivos siguen matando elefantes.

¿Y el hipopótamo?

Como el elefante está protegido, los cazadores furtivos se conforman con el hipopótamo, que tiene la desgracia de tener dientes... ¡de marfil! Ahora es a él a quien cazan en masa para fabricar joyas o estatuillas.

¿Por qué se crean reservas naturales?

Estos enormes parques protegidos son una manera de preservar algunas especies de animales, evitando que las cacen. También constituyen un territorio natural para los animales donde el ser humano no puede ni construir ni cultivar.

¿Son buenos los zoológicos?

Los zoológicos desempeñan un papel poco conocido en la protección de los animales. Efectivamente, ayudan a que las especies amenazadas se reproduzcan para después ser liberadas en la naturaleza. Sin ellos, algunas especies ya habrían desaparecido.

¿Se debe alimentar a las aves en invierno?

Entre noviembre y marzo, podemos darles granos, pero hay que evitar la grasa y, sobre todo, la leche. En primavera, ¡hay que parar! Las aves, sobre todo las pequeñas, deben adquirir el hábito de cazar insectos por sí mismas.

¿Qué hacer si encontramos un pajarito?

¡Un pajarito en el suelo no necesariamente está solo! Seguro sus padres le están echando un ojo. Es mejor no tocarlo. Si no se mueve nada, hay que regresarlo a su nido o protegerlo, sin alejarlo demasiado para que sus padres lo encuentren pronto.

¿Hay animales en el fondo de los océanos?

A la parte más profunda de los océanos se le llama abismo. Es muy oscuro y hace mucho frío. Sin embargo, la vida es posible hasta en las mayores profundidades, a 11 000 metros bajo el agua.

¿Cómo son los animales que viven en los abismos?

Los peces que viven en los abismos tienen cabeza... ¡de monstruo! Casi siempre son transparentes, con dientes enormes y partes fluorescentes que les sirven para alumbrar en la oscuridad y cazar o defenderse.

¿Por qué son ecológicas las gallinas?

¡Porque son las reinas del reciclaje! Comen de todo y les gustan casi todas las sobras de comida. Incluso picotean las piedritas y las conchas de las ostras para fabricar las cáscaras de sus huevos.

¿Por qué son tan importantes las lombrices?

Las lombrices son un signo de que el suelo está saludable. Cavan galerías que orean la tierra y la reblandecen para que el agua entre mejor y las raíces crezcan con mayor facilidad. ¡Y sus heces sirven de abono!

47

¿Para qué se usan las mariquitas en los huertos?

A las mariquitas les encantan los pulgones. ¡Pueden comer más de 100 al día! Ahora bien, a los pulgones los enloquecen las hortalizas del huerto. Por eso, para eliminarlos, lo mejor es invitar a desayunar a las mariquitas, en lugar de utilizar productos químicos.

¿Los erizos también sirven de algo?

El erizo disfruta de los caracoles y de las babosas que mordisquean las lechugas. También le gustan los gusanos y los gorgojos que atacan las hortalizas. Es bienvenido en el huerto porque lo protege.

¿Qué es una alimaña?

Un animal es considerado alimaña cuando es peligroso para la salud o seguridad de las personas, pero también si es una amenaza para la fauna y flora de una región, así como para las actividades agrícolas.

¿La urraca es una alimaña?

Para muchos, la urraca no es un animal amigable. Se le acusa de comer demasiados mamíferos pequeños y de amenazar sus poblaciones. Pero esto es un prejuicio. La urraca se alimenta principalmente de insectos, babosas y gusanos.

¿Existen animales inmortales?

¡Sí! Una especie de pulpo, la *Turritopsis nutricula*, rejuvenece cuando se empieza a sentir demasiado vieja. Eso puede durar indefinidamente...

hasta la eternidad. A menos que, en el proceso, ¡se convierta en almuerzo!

¿Se pueden ayudar mutuamente dos animales distintos?

Sí, eso se llama mutualismo. Así, los tiburones suelen nadar con un pez pegado al vientre. Este pasajero mantiene limpio al tiburón comiéndose los parásitos de su piel. ¡Qué práctico!

¿Qué es un animal ingeniero?

El castor y la termita son capaces de realizar construcciones tan grandes y tan impresionantes que se les llama especies ingenieras. ¡Y todo sin reglas ni calculadoras!

¿Cómo organizan las termitas su termitero?

¡Las termitas tienen aire acondicionado en su termitero! Estos bichitos viven en países cálidos y aprovechan el frescor del suelo. Cuando el aire se calienta, se vuelve más ligero y sale por la chimenea central. ¡Qué listos!

¿El coral es una planta o un animal?

El coral, otra especie ingeniera, es un animal diminuto que vive en colonias. Los esqueletos calcáreos de todos esos animalitos se amontonan unos sobre otros, formando debajo del agua enormes arrecifes en los cuales crecen algas coloridas.

¿Por qué está amenazado el coral?

Con los cambios climáticos, el agua de mar se calienta y se vuelve más ácida. Todo esto "estresa" a los corales, que rechazan las algas que los cubren y les aportan oxígeno y alimento. En consecuencia, el coral se debilita.

¿Existe el calamar gigante?

Los calamares gigantes viven en el fondo de los mares, donde los cachalotes se sumergen para pescarlos. Esta especie es poco conocida: nadie sabe qué tamaño puede alcanzar. ¡Hay quien habla de 18 metros de largo!

¿El hombre de las nieves es una invención?

Algunas especies son misteriosas y nadie ha confirmado si en verdad existen. Es el caso del hombre de las nieves, que se dice vive en el Himalaya. ¡Los expertos que estudian esas rarezas se llaman criptozoólogos!

53

¿Cuáles son los animales más codiciados por su piel?

Más de tres cuartas partes de la piel utilizada en la industria de la moda proviene de criaderos, sobre todo de visones y zorros. Pero, por desgracia, las condiciones de vida de esos animales suelen ser muy malas.

¿De dónde viene el cuero?

El cuero es una piel de animal que se limpia y curte para hacerla suave y resistente. La mayoría del cuero se fabrica a partir de piel de vaca, oveja o cerdo. Pero también se puede hacer cuero con piel de cocodrilo o incluso de pez.

¿Cuál es la carne que más se consume en el mundo?

Antes era la carne de cerdo. Pero las cosas cambian y ahora los seres humanos comen cada vez más carne de pollo, que hoy en día ocupa el primer lugar.

¿Qué es la gripe aviar?

La gripe aviar es un virus muy contagioso que afecta a las aves. Por eso, en una granja, una epidemia de gripe aviar es una tragedia. Los animales mueren uno tras otro y hay que sacrificar a los sobrevivientes para asegurarse de que la enfermedad no se propague.

¿Qué come la vaca?

Como es un animal herbívoro, la vaca sólo come hierba fresca y heno. Sus estómagos (¡tiene cuatro!) están perfectamente adaptados a esos alimentos de difícil digestión.

¿Qué es la enfermedad de las vacas locas?

Para que las vacas dieran más leche, se les daba de comer harinas que contenían restos de huesos y de carne de otros animales, incluso de vacas. Esas harinas eran portadoras de una enfermedad que hacía enloquecer a las vacas, hasta que morían. Hoy en día, esas harinas están prohibidas.

¿Qué lugar ocupan los bosques en el mundo?

Los bosques cubren aproximadamente un tercio de la superficie de las tierras emergidas en el mundo. En Rusia es donde más hay: ¡tiene casi una cuarta parte de los bosques mundiales!

¿Qué es un bosque tropical?

Los bosques tropicales son los más numerosos del mundo. Se encuentran cerca del ecuador, entre los trópicos. Son verdes todo el año y tienen una gran riqueza, ya que sus plantas crecen sobre varios estratos. ¡En ellos pueden encontrarse no menos de 50 000 especies de árboles!

¿Por qué se dice que los bosques son "el pulmón de la Tierra"?

Para producir el azúcar que las hace crecer, las plantas absorben dióxido de carbono y luego expulsan oxígeno, indispensable para los seres humanos. Los bosques son fábricas extraordinarias de oxígeno.

¿Cuál es el otro pulmón de la Tierra?

Son los océanos. ¡Contienen más materia vegetal que los bosques! Se le conoce como fitoplancton y está constituida por plantas microscópicas que también producen oxígeno.

¿Cómo se forma un bosque?

El viento y las aves transportan granos que caen sobre la tierra. Nacen los primeros árboles, cuyas raíces retienen agua. Bajo la sombra de sus ramas, crecen plantas nuevas que necesitan menos luz del sol. Y así sucesivamente: las especies se multiplican y el bosque cobra vida.

¿Qué es un bosque primario?

Los bosques primarios son bosques donde nunca ha intervenido el ser humano. No ha plantado ni cortado árboles. Tampoco lo cuida. Es un bosque... virgen.

¿Qué es la deforestación?

Los hombres siempre buscan más tierras para cultivar. Para ello desbrozan parcelas inmensas de bosque o las queman. A veces también cortan sus árboles para instalar ductos de gas, por ejemplo, o para obtener madera exótica, escasa y cara.

¿Se pueden plantar bosques nuevos?

Por supuesto. Algunos países plantan árboles constantemente para recrear bosques o reemplazar los árboles talados para la fabricación de muebles, la construcción o la producción de leña.

¿Cuántas especies de plantas hay?

Es imposible saber cuántas plantas distintas existen en la Tierra porque muchos lugares aún no han sido explorados, en particular bajo el agua. Hasta ahora, se han identificado 391 000 especies de plantas, ¡que no está nada mal! Y cada año se descubren 2 000 más.

¿Existen plantas en peligro?

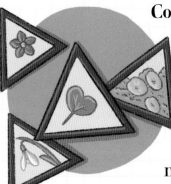

Como los animales, algunas especies de plantas están en riesgo de desaparecer. ¿Su enemigo principal? El ser humano, que cultiva y desbroza terrenos cada vez más grandes.

¿Cómo se forman las flores?

Cada flor posee un pistilo (la parte femenina) y etaminas cubiertas de polen (las partes masculinas). Cuando el polen de una flor es depositado sobre el pistilo de otra, puede nacer una nueva flor. A esto se le llama polinización.

¿Cómo se produce la polinización?

¡Las flores no caminan! Por ello dependen del viento y los insectos para dispersar su polen. Los insectos van de flor en flor transportando el polen y garantizando que haya flores nuevas al año siguiente.

¿Cómo funciona la fotosíntesis?

A través de sus células verdes llenas de clorofila, la planta capta la luz del sol y la transforma en azúcar, necesaria para que la planta crezca.

¿Cómo se alimentan las plantas?

Para crecer, la planta utiliza el azúcar que produce con la luz. También extrae del suelo sales minerales y agua a través de sus raíces, con el fin de tener todos los elementos necesarios para su desarrollo.

63

¿Qué es una especie endémica?

En algunas islas, hay plantas o animales específicos que se establecen y se desarrollan allí. Se dice que son especies endémicas, es decir, que sólo existen en esas islas y en ningún otro lugar.

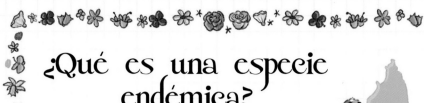

¿Qué amenaza a las especies endémicas?

Cuando coloniza un lugar, el ser humano suele llegar con sus propias plantas. Si éstas se desarrollan en las mismas condiciones que una planta endémica, pero son más resistentes, terminan por ocupar todo el espacio: la especie local desaparece poco a poco.

¿Existen plantas parásitas?

Algunas plantas se aprovechan de otras plantas para crecer y alimentarse. Es el caso del muérdago. Se les llama plantas parásitas y, en ocasiones, causan la muerte de la planta que invaden.

¿Los hongos son parásitos?

¿Sabías que los hongos no son ni plantas ni animales? Algunos de ellos son parásitos, pero no todos, ¡afortunadamente! Los hongos parásitos viven absorbiendo la energía de otro organismo vivo, que termina muriendo.

¿Cómo crecen las plantas en el desierto?

Algunas tienen raíces enormes para extraer agua de las profundidades. Otras almacenan hasta la más mínima gota de lluvia o de rocío. Incluso hay algunas que producen un veneno para evitar que otras plantas crezcan ¡y les roben el agua!

¿Por qué tienen espinas los cactus?

Una espina pierde menos agua por evaporación que una hoja. Además, tener muchas espinas le da sombra al cactus y lo protege del sol. Por último, no hay nada mejor que espinas grandes para evitar que te coman.

¿Qué son las algas verdes?

Las algas verdes parecen ensalada. Desde hace algunos años, cada vez más algas invaden las costas de varios países. Su multiplicación se debe, sin duda, a los fertilizantes agrícolas que llegan al mar a través de los ríos.

¿Las algas verdes son tóxicas?

Las algas verdes no son tóxicas cuando están en el agua. ¡Incluso podemos comerlas! Pero cuando se acumulan, forman una capa gruesa sobre la arena, se empiezan a descomponer y liberan un gas muy peligroso para el ser humano.

67

¿Cuál es el cereal más cultivado en el mundo?

Es el maíz. ¡Su producción se calcula en cientos de millones de toneladas! Estados Unidos es el país que más lo produce. Pero gran parte de ese maíz está modificado genéticamente (transformado por el ser humano para tener ciertas características).

¿Los seres humanos se comen todo el maíz que se produce?

El maíz se consume mucho en América del Norte y del Sur. En México, se come principalmente en forma de tortilla. Pero también se utiliza para alimentar a los animales y para producir combustible para los coches.

¿Qué es el aceite de palma?

El aceite de palma viene de la palma de aceite. Si se exprimen sus frutos, se obtiene un aceite que se utiliza en muchas cosas: galletas, chocolate, sardinas en aceite e incluso productos de belleza.

¿Por qué es peligroso el aceite de palma?

Se dice que el aceite de palma es peligroso para la salud porque tiene demasiada grasa. Pero también es malo para el medio ambiente. Para producirlo, se destruyen cada vez más bosques con el fin de sembrar palmas de aceite en su lugar.

¿Es cierto que la tierra puede morir?

Cuando los campos se cultivan demasiado y con demasiados productos químicos, la tierra se cansa y "muere". Deja de tener los compuestos orgánicos necesarios para alimentar a las plantas que queremos sembrar.

¿Para qué servían los setos en los campos?

Antes, los campos estaban separados por setos. Pero como dificultaban el paso de los tractores, se dejaron de usar. Desgraciadamente, esas barreras naturales evitaban que el viento y la lluvia barrieran los campos y "gastaran" la tierra demasiado rápido.

¿Qué es una madera exótica?

Una madera exótica proviene de un país extranjero. En Europa, esas maderas llegan de América del Sur, Asia o África. Casi siempre son de mayor calidad que las europeas porque son más resistentes y no tienen defectos.

¿Es malo comprarlas?

En algunos puntos de los países productores, la madera se tala ilegalmente. Se puede comprar madera exótica, pero se debe investigar si proviene de un bosque que respeta el medio ambiente y busca la renovación sustentable de los árboles. Por desgracia, es muy difícil saberlo.

¿Hay plantas en el Polo Sur?

El Polo Sur está casi todo cubierto de hielo y lo azotan vientos implacables. Las plantas no pueden crecer allí. Por eso, los pocos animales que lo habitan se alimentan de pequeños y grandes moradores del océano.

¿Y en el Polo Norte?

En verano, el Polo Norte se cubre de hierbas y flores. Pero todas esas plantas son pequeñas y tienen raíces muy cortas, pues las capas profundas de la tierra están congeladas. Estas zonas se conocen como la tundra.

¿Existen plantas carnívoras?

Las plantas carnívoras existen, ¡pero no tienen dientes gigantes como en las caricaturas! Se alimentan de insectos o de otros bichos diminutos que atraen hacia una trampa, y que luego digieren lentamente.

¿Cuál es la flor más grande del mundo?

La rafflesia parece una flor roja enorme con cinco pétalos. Algunos especímenes son tan grandes que miden hasta un metro de diámetro. Es muy práctica para hacer un ramo: ¡sólo necesitas una flor!

¿Cuál es el árbol más grande del mundo?

Es la secuoya. Puede incluso rebasar a los rascacielos más altos. Una de ellas, bautizada con el nombre de Hiperión, ¡es tan alta como un edificio de 41 pisos! ¡Mide más de 100 metros de alto!

¡100!

¿Cuál es el árbol más viejo del mundo?

Nadie sabe exactamente dónde se encuentra el árbol llamado Matusalén. Está en Estados Unidos, pero su ubicación precisa se mantiene secreta para que los turistas no molesten a este viejito ¡de más de 4 800 años!

¿Cuáles son las plantas más abundantes?

Existen cinco tipos de plantas en el mundo: las plantas con flores, las plantas sin flores, los musgos, las algas y los helechos. De estas cinco categorías, las plantas con flores son las más abundantes.

1

¿Y la planta más rara?

Existe en Australia un árbol tan raro que nadie dice dónde se encuentra, para evitar que sea destruido. Este árbol sólo ha sido visto una vez, en 1994. Se llama pino de Wollemi.

¿Cómo se adaptan las plantas al clima?

El loto sagrado puede ser muy paciente. Mientras las condiciones climáticas no sean las óptimas para que germine, su semilla permanecerá dormida en la tierra. ¡Y esa pequeña siesta puede durar cientos de años!

¿Las plantas pueden migrar?

Cuando el clima se vuelve adverso, las plantas no pueden cambiar de sitio como los animales. Sin embargo, algunas son capaces de analizar los cambios climáticos y adaptarse al lugar.

Sólo queda descubrir cómo lo hacen.

¿Cuál es el árbol más pequeño del mundo?

El sauce ártico no pasa de los 15 cm de altura. Crece en el Polo Norte, y sus raíces se extienden en la capa de tierra superficial que no está congelada. El sauce ártico es pequeño, pero fuerte. A veces llega a vivir más de 200 años.

¿Y la flor más pequeña?

La lenteja de agua tiene la flor más pequeña del mundo. Mide apenas 1 milímetro. Se necesita una lupa para encontrarla, ¡sobre todo porque es verde, como el resto de la planta!

¿Existen plantas valiosas?

El crocus es una pequeña flor amarilla que parece insignificante. Sin embargo, ¡su pistilo vale oro! En efecto, una vez que se seca, se convierte en azafrán, ¡y en Europa el gramo se vende en unos 35 euros! Se utiliza para cocinar y hacer medicamentos.

¿Cuál es la madera más valiosa?

Es probable que la caoba de Cuba, una madera roja magnífica. En todo caso, es tan escasa que se volvió muy cara. En otros tiempos se valoraba tanto que casi desaparece. Hoy en día su explotación está muy regulada.

¿Qué es una planta aromática?

Se llaman cebollín, tomillo, perejil... Estas plantas o hierbas se utilizan en la cocina para sazonar los platos. Como son comestibles, también pueden servir para hacer tisanas o salsas.

¿Qué es una planta para perfumería

Para hacer perfumes, se utilizan plantas... para perfumería. Algunas huelen maravillosamente bien ¡y otras muy mal! En los perfumes, no siempre se usa la flor de la planta. También se pueden usar las hojas o las raíces.

¿Las plantas pueden curar?

¡El ser humano utiliza las plantas para curarse desde hace más de 7 000 años! En la Edad Media se les llamaba "simples", y se sembraban en todos los huertos para curar los pequeños males cotidianos.

¿Los medicamentos se hacen a base de plantas?

Algunos medicamentos contienen plantas medicinales o se derivan de ellas. Hoy en día, los químicos son capaces de reproducir artificialmente la molécula activa de una planta y de integrarla a un medicamento.

¿Las plantas pueden matar?

¡Las plantas están lejos de ser angelitos! Muchas tienen veneno en sus frutos, hojas o tallos para protegerse de los animales que podrían comérselas. A veces este veneno también es mortal para el ser humano.

¿Las plantas son drogas?

Existen plantas que tienen efectos sobre el cerebro humano. Calman el dolor, causan alucinaciones o provocan un placer intenso. Son drogas que después el cuerpo pide con cada vez mayor frecuencia.

¿Hasta qué profundidad hay plantas en el océano?

A partir de los 150 metros de profundidad, aproximadamente, hay tan poca luz bajo el agua que ya no hay plantas. De hecho, sin luz las plantas ya no pueden hacer fotosíntesis, que es lo que les permite vivir.

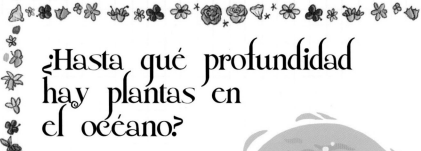

¿A qué altura deja de haber plantas?

Más allá del límite de las nieves perpetuas, la vegetación ya no puede crecer en la montaña. Este límite no es el mismo de una cima a otra. ¡En el Everest pueden encontrarse musgos hasta los 5 750 metros!

¿Qué es la separación de residuos?

Separar los residuos, en lugar de tirar todo en un mismo bote de basura, permite reciclar los desechos en función de su material y de la manera en que se pueden reutilizar. De este modo, se clasifican en papel, vidrio, metal...

¿Cómo se reconoce un empaque reciclable?

Algunos empaques están marcados con un triángulo formado por tres flechas verdes. Este signo quiere decir que el empaque se puede reciclar, es decir, que se puede reutilizar para fabricar otra cosa.

¿De qué sirve reciclar el vidrio?

El vidrio se fabrica con arena... o con vidrio. Si el vidrio se recicla, se pueden hacer botellas nuevas sin tener que sacar material de la naturaleza. Además, ¡se puede reciclar hasta el infinito!

¿Se pueden reciclar las latas de comida?

Una vez reciclados, el acero y el aluminio se convierten en... acero y aluminio. Utilizar las latas viejas evita que tomemos más minerales de la tierra y utilicemos aún más energía para su transformación.

¿Qué se hace con las botellas viejas de plástico?

Una botella de plástico tarda entre 100 y 500 años en descomponerse en la naturaleza. Por lo tanto, es mejor reciclarlas para convertirlas en botellas nuevas, moqueta, juguetes o... ¡un suéter de tela polar!

¿Cómo se puede utilizar el papel viejo?

Para hacer papel, a veces hay que talar bosques enteros. Sin embargo, se puede hacer con papel usado. Así, ¡una tonelada de papel reciclado ayuda a salvar 17 árboles!

85

¿Qué hago con mis cáscaras de verduras y frutas?

Dale una segunda vida a tus restos de comida poniéndolos en una composta. Si tienes un jardín, colócalos en un rincón, directamente debajo de la tierra, donde se descompondrán lentamente. De 6 a 18 meses después, tendrás un terreno abonado para la jardinería.

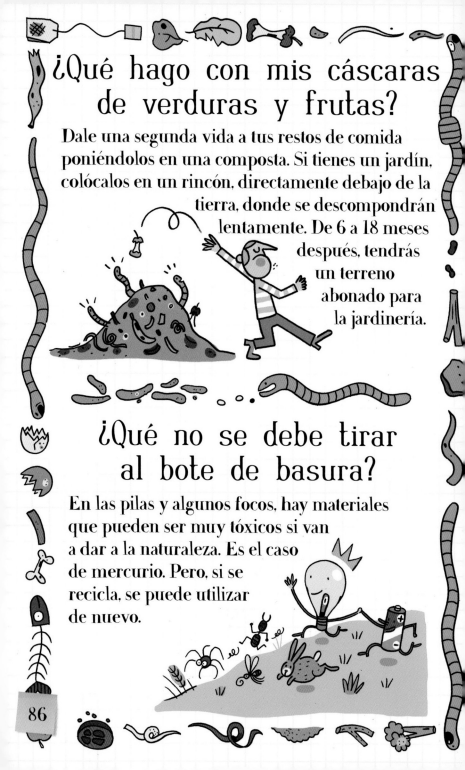

¿Qué no se debe tirar al bote de basura?

En las pilas y algunos focos, hay materiales que pueden ser muy tóxicos si van a dar a la naturaleza. Es el caso de mercurio. Pero, si se recicla, se puede utilizar de nuevo.

¿Cuánto tiempo tarda en desaparecer una bolsa de plástico?

Una bolsa de plástico tirada en la naturaleza se quedará allí un buen rato si nadie la recoge. En efecto, tardará 450 años en degradarse y desaparecer por completo. ¡Es más tiempo que una lata de comida!

¿Con qué se fabrica el plástico?

Para fabricar plástico se necesita petróleo, y eso contribuye a que disminuyan las reservas del planeta. Sin embargo, se puede producir una especie de plástico con leche, por ejemplo. Y además, ¡es biodegradable!

¿Cuál es la diferencia entre el plástico y el caucho?

El plástico se fabrica con un componente del petróleo llamado nafta. El caucho, por su parte, se hace a partir de un líquido blanco que chorrea del tronco del árbol del cauho. Por desgracia, ninguno es biodegradable.

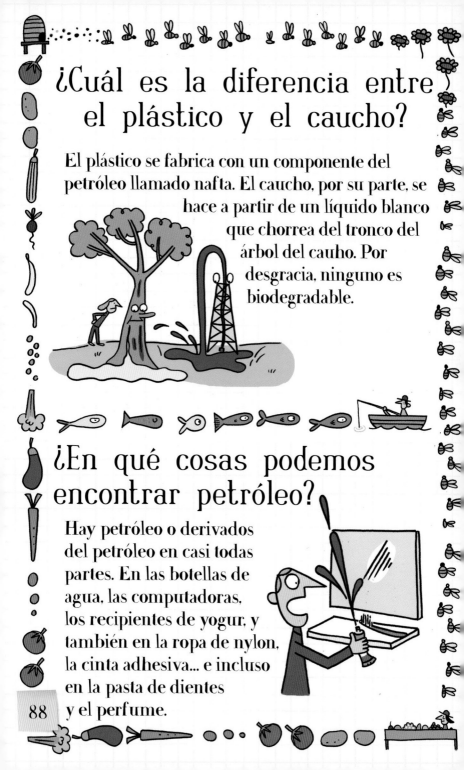

¿En qué cosas podemos encontrar petróleo?

Hay petróleo o derivados del petróleo en casi todas partes. En las botellas de agua, las computadoras, los recipientes de yogur, y también en la ropa de nylon, la cinta adhesiva... e incluso en la pasta de dientes y el perfume.

¿Qué es un OGM?

Un Organismo Genéticamente Modificado es una planta o un animal que el ser humano modificó en un laboratorio para darle nuevas propiedades, por ejemplo, para hacer que crezca más rápido o para hacerlo resistente a algunas enfermedades.

¿Se pueden comer los OGM?

Hay que ser muy prudente con los ogm, pues aún no sabemos cuáles son sus verdaderos efectos sobre la salud. El ser humano modifica la naturaleza para producir más, pero corre el riesgo de romper el equilibrio natural y dañarlo.

¿Qué es una verdura o una fruta de temporada?

Una verdura de temporada es una verdura que crece en tu región en el momento que la compras. Por ejemplo, la calabacita es una verdura de temporada si la comes durante el verano.

¿Por qué es mejor comprar verduras de temporada?

Puedes comprar verduras en cualquier momento del año. Pero, en pleno invierno, tu calabacita fue transpor-tada en avión –lo cual requiere combustible– o creció en un invernadero cálido –lo cual también consume energía–.

¿Qué es la huella de carbono?

En cuanto utilizamos energía (gasolina o electricidad, por ejemplo), nuestra actividad produce gases –sobre todo dióxido de carbono– que contribuyen al calentamiento global. Esta cantidad de gas es nuestra huella de carbono.

¿Cómo podemos reducir nuestra huella de carbono?

Algunos hábitos ayudan a producir menos carbono: apagar las luces, transportarse en bicicleta y no en coche, bañarse en la regadera y no en la tina... ¡y consumir productos que no viajaron en avión para llegar a nuestro plato!

91

¿Qué es el biocombustible?

Muchas plantas producen aceite o alcohol que puede utilizarse como combustible orgánico en lugar del petróleo. ¡Es el caso del maíz, el girasol, la caña de azúcar, la colza, el trigo o el betabel!

¿Cómo funciona un aerogenerador?

Un aerogenerador está formado por un mástil, un rotor y unas grandes palas. El viento hace que giren las palas del rotor, lo cual libera energía. Entonces, esta energía se transforma en electricidad y luego se distribuye mediante cables eléctricos.

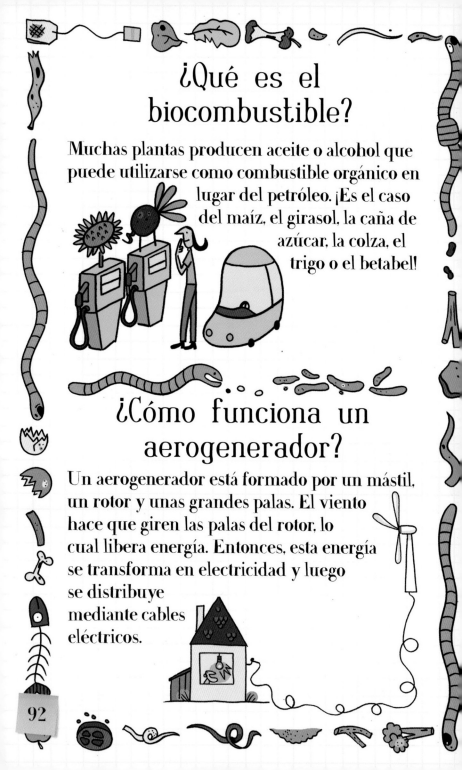

¿Qué es un vegetariano?

Una persona vegetariana no come carne, ni tampoco pescado, mariscos o crustáceos. Por ello debe buscar otros alimentos que le aporten las proteínas que necesita su cuerpo.

¿Qué come una persona vegana?

Un vegano adopta el mismo régimen que los vegetarianos, pero va más lejos. También se niega a comer productos de origen animal como los huevos, la leche o la miel. Todo debe ser... vegetal.

93

¿Qué es una energía renovable?

Como su nombre lo indica, una energía renovable es una energía que no se agota. Como el viento o la luz del sol nunca faltarán, siempre podrán utilizarse como fuentes de energía. Sucede lo contrario con el petróleo y con el gas.

¿Qué es la electricidad verde?

La electricidad verde se produce a partir de fuentes de energía renovables: el sol, el viento, las mareas, el agua... En cambio, la electricidad no verde proviene de centrales nucleares o térmicas de gas, carbón o petróleo.

¿Nos podemos calentar con la tierra?

Más o menos. Para calentarse es posible utilizar el calor de la tierra. Entre más profunda sea una excavación, más calor hace bajo la tierra. La utilización de ese calor para calentar las casas se llama geotermia.

¿Cómo funciona un panel solar?

Los paneles solares tienen silicio. Al entrar en contacto con la luz del sol, las partículas diminutas de silicio se agitan. Se mueven tanto que su movimiento produce electricidad, que se recupera en los cables eléctricos.

¿Cómo ahorrar electricidad?

Lo más sencillo es apagar la luz al salir de una recámara y no encenderla si es de día. También considera desconectar los cargadores de teléfono, por ejemplo, y los aparatos que permanecen en modo de reposo todo el día.

¿Es posible desperdiciar menos agua?

¿Sabías que, para tomar un baño, utilizas entre 100 y 200 litros de agua? Si usas la regadera, el consumo de agua se reduce... ¡tres veces! Y no dejes la llave abierta cuando te cepilles los dientes o laves los trastes.

¿Cómo se puede utilizar menos gas?

El gas sirve para calentar el agua, la casa o cocinar. Para ahorrar gas, baja la calefacción cuando todos estén en la escuela o en el trabajo. En la cocina, tapar las cacerolas permite usar menos gas para calentar los alimentos.

¿Qué es una vivienda de bajo consumo?

Una vivienda de bajo consumo es una casa que usa muy poca energía y que libera muy poco dióxido de carbono en el aire. Por lo tanto, respeta completamente el medio ambiente.

97

¿Podemos pescar y cazar de todo?

Existen periodos durante los cuales no tenemos derecho a pescar o a cazar determinadas especies, con el fin de permitir que se reproduzcan, y de evitar que sean cazadas o pescadas en exceso y que, por lo tanto, desaparezcan.

¿Se puede recolectar todo lo que se pesca a pie?

Si pescas mariscos o camarones, debes dejar los que son demasiado pequeños. Hay que respetar las reglas que indican el tamaño mínimo que debe tener un producto para ser pescado. Eso evita que se lleven todo indiscriminadamente.

¿Qué edad tienen los árboles cortados para Navidad?

¡El árbol tiene entre 5 y 10 años cuando llega a tu casa! Fue plantado, vuelto a plantar dos veces y podado para tener una linda forma. Por eso, lo mejor es comprarlo en maceta y volverlo a plantar para no sacrificar un árbol en vano.

¿De dónde viene la leña?

La madera es una fuente de energía renovable siempre y cuando se administren bien los bosques. Eso hacen los silvicultores, que les dan mantenimiento, cortan y vuelven a plantar sin cesar para que los recursos siempre sean los mismos.

¿Es buena la cáscara de las frutas?

Las vitaminas de las frutas y las verduras se concentran en su cáscara y en la parte que está justo debajo. Pero en cuanto la piel comienza a pudrirse, su contenido vitamínico disminuye. ¡Y cuidado! Suele estar cubierta de pesticidas.

¿Cómo se come una fruta o una verdura?

Sin importar si son orgánicas o no, las frutas y las verduras tienen siempre un poco de pesticida. Para comerlas con cáscara, hay que enjuagarlas con agua tibia, cepillarlas o tallarlas con un cuchillo.

¿De dónde vienen los productos de los supermercados?

La leche del supermercado puede venir de la granja de al lado... o de un país lejano. En este caso, tuvo que viajar en un tren, camión o avión, que utilizan mucha energía y contaminan más el planeta.

¿Qué hay que comprar para preservar el planeta?

Lo mejor es comprar productos de circuito corto... es decir productos que no vengan de lejos y que no hayan sido comprados y vendidos decenas de veces. En el campo, el circuito más corto consiste en ¡hacer el súper en la granja!

¿Qué es la agricultura orgánica?

Un agricultor orgánico intenta respetar lo más posible la naturaleza para cultivar sus frutas y verduras, y para criar a sus animales. No utiliza productos químicos para sus plantas ni medicamentos para sus animales.

¿Qué es la permacultura?

La permacultura es una manera de vivir en autonomía que respeta el medio ambiente y no contamina. De esta forma, quienes practican la permacultura producen su propia energía y comida.

¿Qué quiere decir biodegradable?

Los productos biodegradables son degradados por completo y de manera natural por unos diminutos organismos vivos. Entre más biodegradable es el producto, más rápido es el proceso.

¿Cómo fabricar abono natural?

Se puede producir abono natural con restos de café en polvo, cáscaras de huevo, ortigas remojadas en agua durante varios días, cáscaras de plátano e incluso agua de cocción... ¡fría, por supuesto!

¿Los aerosoles son peligrosos para el planeta?

Para permanecer bajo presión, los aerosoles contienen gases que son responsables de la degradación de la capa de ozono que protege la Tierra de los rayos dañinos del Sol. En la actualidad, afortunadamente, esos gases son cada vez menos contaminantes.

¿Y el gel para baño?

El gel para baño no es peligroso en sí mismo, pero necesita un empaque plástico, a diferencia del jabón. Además, se gasta más rápido que un simple jabón. Y, sobre todo, suele contener derivados del petróleo.

¿Qué medio de transporte contamina menos?

El medio de transporte menos contaminante es sin duda el tren. Se calcula que sus emisiones de dióxido de carbono, dañino para la salud, son 20 veces menores que las del avión. ¡Y 30 veces menores que las del coche!

¿Por qué son ecológicos los coches eléctricos?

Los coches eléctricos no utilizan petróleo para avanzar, lo cual ya representa una enorme ventaja desde un punto de vista ecológico. Pero, además, no expulsan partículas contaminantes a la atmósfera.

¡BRRM!

BZZZZZZ

¿Cuáles son las mejores pilas que se pueden utilizar?

Las pilas contienen productos químicos muy dañinos para el medio ambiente. Para evitar tirar demasiadas (en los contenedores adecuados), es mejor comprar unas recargables, que se cambian con poca frecuencia.

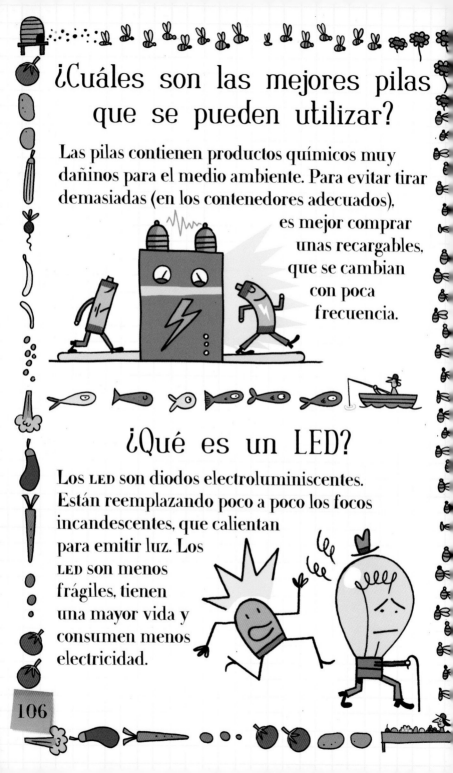

¿Qué es un LED?

Los LED son diodos electroluminiscentes. Están reemplazando poco a poco los focos incandescentes, que calientan para emitir luz. Los LED son menos frágiles, tienen una mayor vida y consumen menos electricidad.

¿Cómo ahorrar papel?

Consumir demasiado papel obliga a cortar árboles y a utilizar mucha agua en su fabricación. Para ahorrar, hay que evitar imprimir documentos y recibir el correo a través del servicio postal: es mejor obtenerlo por vía electrónica.

¿Dónde se tiran los medicamentos caducos?

Nunca en el bote de basura, ¡y mucho menos en el fregadero! Existe el riesgo de que contaminen el agua y, después, la naturaleza. Se deben llevar a la farmacia, que se encargará de destruirlos o reciclarlos.

¿Es buena el agua de la llave?

Antes, las enfermedades se propagaban a través del agua de la llave, que no era controlada. En la actualidad, ya no siempre es así. En muchos países se puede beber directo de la llave, aunque en otros, como México, es mejor adquirir un filtro.

¿Cómo obtener la mejor agua posible?

Siempre deja que corra un poco el agua antes de servirte un vaso, para eliminar las impurezas. Y para cocer tus verduras, utiliza agua fría, porque el agua caliente se estanca en el calentador: por lo tanto, es necesariamente un poco menos buena.

Índice

t